PAROISSE SAINT-CHARLES A SERIN

BUDGET SCOLAIRE

EXTRAIT

Du Discours prononcé à la Distribution
des Prix des Écoles Libres
le 1ᵉʳ Août 1897
Par Monsieur le Curé de la Paroisse

LYON
PHIE — IMPRIMERIE C. ALRICY — LITHOGRAPHIE
5, Cours Lafayette, 5 (Passage Coste)
—
1897

BUDGET SCOLAIRE

EXTRAIT

Du Discours prononcé à la Distribution
des Prix des Écoles Libres
le 1er Août 1897
Par Monsieur le Curé de la Paroisse

LYON

TYPOGRAPHIE — IMPRIMERIE C. ALRICY — LITHOGRAPHIE

5, Cours Lafayette, 5 (Passage Coste)

1897

AUX PAROISSIENS DE SAINT-CHARLES

En vous adressant cette partie du discours prononcé à la Distribution des Prix, le 1ᵉʳ Août 1897, mon dessein est celui-ci :

1° Arrêter votre attention sur la question scolaire, la plus décisive du moment, en vous laissant entre mains des documents officiels qui serviront à éclairer votre opinion ;

2° Inviter les pères et mères à se préoccuper avant tout de l'éducation religieuse de leurs enfants. Nos écoles des Frères et des Sœurs ont précisément pour but d'offrir aux parents le moyen pratique de remplir ce grave devoir.

3° Demander à chaque famille une offrande, si minime soit-elle, afin que l'Œuvre de nos Écoles libres devienne ce qu'elle doit être, une Œuvre véritablement paroissiale.

GUYOT, Curé.

Serin, 8 Septembre 1897.

BUDGET SCOLAIRE

EXTRAIT

**Du Discours prononcé à la Distribution
des Prix des Ecoles Libres
le 1er Août 1897
Par Monsieur le Curé de la Paroisse**

. . . .
. . . .
. . . .

..... J'ajoute, mes enfants, que vous devez aimer votre école des Frères comme nous l'aimons nous-même et pour les mêmes motifs à savoir que les écoles libres des Frères et des Sœurs représentent la cause de la Foi chrétienne, de la Justice et de la Liberté en France.

Pour comprendre cela il importe de vous rappeler : 1º quelle est l'origine des Ecoles libres, et 2º quels sont aujourd'hui leurs moyens d'existence. C'est une page instructive et douloureuse de notre histoire contemporaine; elle éclairera votre esprit sur la plus grave des questions qui s'agitent à cette heure, la question scolaire.

Dans la première période de cette troisième République, nous avons vu une combinaison des plus raisonnables et des plus loyales : les écoles primaires de garçons avaient à leur tête les unes des maîtres laïques, les autres des Frères, de sorte que chaque famille pouvait satisfaire ses préférences. Ces écoles étaient subventionnées par l'État, sur le même pied, c'est-à-dire selon le nombre d'élèves inscrits au registre. — Ce système excitait naturellement entre les professeurs une émulation qui était toute au profit des élèves. — C'était trop beau ; c'était la Justice, c'était la paix. Pourquoi, hélas ! cela n'a-t-il pas duré ?

Survint la démission du maréchal Mac-Mahon, janvier 1879. Les politiques et les sectaires s'emparèrent du ministère de l'Instruction publique et, quoique divisés sur tant d'autres questions, ils concentrèrent leurs efforts pour bannir des écoles primaires l'enseignement religieux et, par conséquent, les maîtres congréganistes. On décréta:

1° Que les Ecoles municipales seraient toutes laïques; les Frères et les Sœurs auraient beau posséder les certificats, les brevets, les diplômes, etc., les communes n'avaient plus le droit de les nommer titulaires de leurs écoles. Et cela uniquement à cause de leur qualité de congréganistes, c'est-à-dire parce que ce sont des Frères, parce que ce sont des Sœurs.

Les sectaires se montraient ce qu'ils sont toujours, lâches, injustes, tyranniques; lâches, parce que, au lieu de lutter par le travail contre une concurrence qui leur faisait ombrage, ils la supprimait brutalement; injustes, parce que les Frères et les Sœurs, munis des brevets nécessaires, ont droit comme tous autres à la carrière de l'enseignement public; tyrannique, parce qu'on les évinçait par la violence. — La violence est toujours l'argument des gens qui ont peur ou qui ont tort.

2° Il fut décrété que les maîtres laïques devraient s'abstenir de faire apprendre le catéchisme, de faire réciter les prières du matin et du soir et d'enseigner la religion, ses mystères et ses devoirs, *attendu que l'Etat n'a pas de religion.* Cette énormité, je ne sais quel nom donner à ce deuxième décret, ne se rencontre actuellement chez que une autre nation du monde, et je ne sache pas qu'elle se lise nulle part dans l'histoire du genre humain ; 1793 lui-même avait proclamé l'existence de Dieu et décrété le respect de l'Etre suprême. L'Etat, en 1793, avait une religion ! En 1897, il déclare ne pas en avoir ! !

Les fortes têtes qui nous gouvernent aujourd'hui déclarent qu'ils n'en ont pas. Savez-vous ce qui afflige le plus en tout cela? C'est de voir que le peuple français ait supporté et supporte encore de pareilles insanités.

L'État n'a pas de religion et ne veut pas en avoir ! Mais ce propos impie est une injure à la Foi de trente millions de catholiques, c'est un défi à la raison et au bon sens !

Quelle est donc là science la plus nécessaire, sinon de savoir ce que l'on est, d'où l'on vient, où l'on va? — Et, dès lors, quelle première leçon les maîtres doivent-ils enseigner, même à l'enfant qui ne sait pas encore lire, sinon celle du catéchisme ?

Qui vous a créé ?

— C'est Dieu.

Et pourquoi ?

— Pour le connaître, l'aimer, le servir !

Et après ?

— Après, c'est la vie éternelle pour les bons, et le châtiment éternel pour les mauvais.

Ne pas savoir ces vérités, c'est tourner le dos à la destinée humaine ; ne pas les enseigner à la jeunesse dont on a la charge, c'est un crime. Sans doute les autres sciences ont leur utilité pratique, elles sont un ornement, un agrément de l'esprit et une force incontestable dans la vie, mais après tout on peut sans passer. — Et, comme dit saint François de Sales, une once de bonne conscience vaut mieux que cent livres de science.

Donc l'Etat impose aux écoles primaires laïques un programme païen, athée. — Certes nous n'en rejettons pas la responsabilité sur les maîtres et les maîtresses laïques. Plusieurs d'entre eux sont très recommandables par leurs opinions personnelles, et nous rendons justice à la correction de leur enseignement. Leur situation n'est pas commode ; ils doivent subir ce régime ou s'en aller.

Mais, Dieu merci, il s'est rencontré sur tous les points du territoire français des catholiques convaincus qui ont mis leur générosité au service du clergé des paroisses pour établir des écoles libres, c'est-à-dire des écoles indépendantes des programmes du gouvernement, des écoles dirigées par des Frères et par des Sœurs, des écoles dont le premier soin et le principal fut l'enseignement de la croyance et de la morale religieuses, des écoles qui s'inspirent avant tout de cette parole du Saint-Evangile : Que sert à l'homme de gagner l'univers s'il vient à perdre son âme ?

Le bon Dieu a béni ces efforts, les écoles libres existent aujourd'hui à peu près partout, offrant à toutes les familles la facilité de faire élever les enfants dans la connaissance et la pratique de leurs devoirs envers Dieu.

Telle est l'origine des écoles libres et tel en est le but, but qui les sépare radicalement des écoles laïques.

Quels sont leurs moyens d'existence ?

Ecoutez avec soin ; il vous sera permis d'être très étonnés, mais il est impossible de me contredire.

Aux écoles laïques, l'État fournit les bâ'iments scolaires, les maîtres et maîtresses, le papier, les livres, le mobilier, l'éclairage, le chauffage, les prix, les chaussures en hiver, les villégiatures en été, etc...

Voici quelques chiffres :

Le budget annuel de l'Instruction publique en France s'élève à 198 millions.

Là-dessus l'instruction primaire seule absorbe 131 millions.

En 17 ans, depuis 1880, les bâtiments nouveaux ont coûté 600 millions.

Et le traitement du personnel a augmenté de 27 millions.

De ces sommes énormes qu'est-il revenu aux écoles libres ?

Rien, rien, rien, trois 0.

Et pourquoi?

Serait-ce parce que le nombre des élèves dans les écoles libres est insignifiant, une quantité négligeable ?

— La population scolaire en France est en moyenne 5.700.000, ainsi répartie :

Écoles laïques, 4.400.000.

Écoles libres, 1.300.000.

Et cette proportion s'améliore tous les ans à mesure que s'ouvrent de nouvelles écoles libres ; ainsi, le résumé publié par le ministère de l'Instruction publique sur les trois dernières années, 1894-1895-1896, établit que les écoles de l'État ont perdu 70.659 enfants, et l'enseignement libre a gagné 77.677 enfants.

D'où il résulte, d'après le rapport du comte Armand, pour 1897, que, en ces huit dernières années, l'enseignement laïque a perdu 320.380 enfants, et l'enseignement libre en a gagné 326.409.

D'où cette conclusion incroyable que 1 million 1/2 d'enfants ne reçoivent pas un centime sur les 198 millions d'impôts prélevés pour l'instruction de tous les français.

Et encore une fois pourquoi ?

— Parce que leurs maitres sont des Frères, c'est-à-dire des maîtres qui enseignent avant tout la religion et les devoirs du chrétien..... Parce que les maitresses sont des Sœurs, c'est-à-dire des maîtresses qui apprennent avant tout les vérités de la foi et la pratique de la vertu à leurs élèves.

Mais peut-être nos écoles libres seront-elles traitées plus favorablement par le budget de la ville de Lyon!!

Ecoutez : La population scolaire de Lyon est d'environ 41.000 enfants, dont 28.000 aux écoles laïques et 13.000 aux congréganistes, — ces 41.000 enfants sont tous enfants de Lyon, ou par la naissance ou par le domicile des parents. Et certes un conseil municipal, asile de la justice et de la liberté, comme il sied à la deuxième ville de France, ne saurait méconnaître ses propres enfants. Or, le budget municipal de Lyon pour les écoles primaires s'élève en bloc à 2.319.731 francs Sur ce chiffre, les frais généraux absorbent 1.600.000 francs, reste environ 700.000 francs distribués en gratifications facultatives. Je relève au bénéfice des écoles laïques des détails piquants :

1° Maîtres spéciaux, gymnastique, musique, dessin . . . .   57.000 fr.

2° Livres de prix. 30.000

3° Fournitures scolaires. . . .   88.000

4° Secours en nature 35.000

5° bains 2.000

6° Gardiennat (écoles du soir) .   108.000

7° Livrets de caisse d'épargne.   4.500

Etc., etc.

Et combien aux 13.000 enfants des écoles libres ? — Rien, rien, rien.

Et pourquoi ?

— Toujours la même réponse ; parce que les écoles libres sont dirigées par des Frères et par des Sœurs.

Mais est-ce que vos pères et mères ne payent pas les mêmes impôts que les parents qui ont leurs enfants à l'école laïque ?

— Demandez-le leur !

Mais alors nous sommes, nous catholiques, victimes d'une véritable injustice ?

— Absolument, et cela depuis dix-sept ans.

Egalité devant l'impôt, mais aussi égalité devant le budget, voilà la Justice.

Mais payer les impôts, et point de place au budget, voilà l'injustice.

Et la France supporte cela depuis dix-sept ans. — Quelle patience ! !

Et ceci prouve, en passant, quelles erreurs peuvent commettre ministres et députés, et quels préjudices ils peuvent causer lorsqu'au lieu de s'inspirer au moins de leur droite raison, ils s'abandonnent, par une coupable complaisance, aux idées de la franc-maçonnerie juive. Or, cette secte, tant de fois condamnée par l'Église, est la cause secrète, mais véritable de tout le mal. Mgr Gouthe-Soulard, votre ancien curé de Vaise, a dit cette parole : « Nous ne sommes pas en république, nous sommes en franc-maçonnerie. » Il voulait dire que la franc-maçonnerie a réussi à s'installer dans toutes les branches du gouvernement de la République; ce qui a donné lieu aux injustices, aux scandales financiers et aux trahisons qui la déshonorent.

Quel sera le remède?

— Je n'en vois que deux : Le premier sera la prière des enfants et des mères de famille, afin que le bon Dieu nous soit plus favorable; le second serait la coalition de tous les honnêtes gens, surtout des électeurs pour imposer aux candidats députés une revision fondamentale de la loi scolaire; exiger au moins que l'on rende aux communes la liberté de choisir le genre d'école qui plaira à la majorité des habitants, et il y aurait, pour l'application de ce principe si juste, le moyen le plus infaillible que l'on connaisse jusqu'à ce jour : le *referendum* communal.

Mais passons, j'ai un dernier mot à dire sur la situation des écoles libres de St-Charles à Serin — question qui vous intéresse directement :

Il faudrait environ 6.000 francs pour le fonctionnement de nos écoles libres. La première moitié nous est assurée par la générosité des héritiers de M. François Gillet, ce bienfaiteur insigne que la paroisse ne saurait oublier.

Pour la deuxième moitié, les ressources nous sont venues du Comité général des Ecoles libres de Lyon, de l'Œuvre de St-François de Sales, de celle de l'Enfant Jésus et de quelques dons volontaires.

Tout cela est-il suffisant ? pas encore ; mais, loin de nous en plaindre, je dis au contraire tant mieux ! parce que je reconnais ici la sagesse de Dieu dans l'invite qu'il vous adresse.

Il veut que la paroisse entière apporte son concours à cette Œuvre, la plus importante qui soit aujourd'hui. Devrait-on trouver ailleurs ce qui manque, il sera toujours préférable que chaque famille chrétienne de Serin verse son obole à la caisse des Ecoles libres. C'est très bien, assurément, d'avoir le bon esprit de confier les enfants aux Frères et aux Sœurs. C'est encore très bien d'engager les voisins et les amis à ne pas priver leurs enfants de l'enseignement catholique, mais il faut quelque chose de plus. Le bon Dieu demande un sacrifice à chacun.

C'est pourquoi j'exprime ce vœu que je vous charge, mes enfants, de faire connaître et accepter partout où ce sera possible.

Savoir: que toutes les familles chrétiennes de la paroisse nous viennent en aide.

Les moins fortunées s'imposeront par semaine 0 fr. 10, que nous appelerons les deux sous du lundi, parce que c'est le lundi matin que chaque enfant les apporterait à l'école.

La somme ainsi recueillie ne sera certainement pas considérable, mais nous sommes sûrs que le bon Dieu bénira cet effort et ce bon vouloir, nous sommes sûrs que les bourses mieux garnies suppléeront à cette insuffisance, nous sommes sûrs que cet assentiment populaire sera un encouragement pour les bons Frères et les bonnes Sœurs qui se dévouent avec un zèle si persévérant à l'œuvre des Ecoles libres.